ДЕРЕК ПРИНС

Ожидание Бога

2013

Все выдержки из Нового и Ветхого Заветов
(кроме отмеченных особо) взяты из
Синодального перевода Библии на русский язык.

WAITING FOR GOD
Derek Prince
R094 radio massage from series:
"Keys For Successful Christian Living"

Derek Prince Ministries – International
P.O.Box 19501
Charlotte, NC 28219-9501
USA

ОЖИДАНИЕ БОГА
Дерек Принс
№94 из 140 радио-проповедей серии:
«Ключи успешной христианской жизни»

Переведено и издано
Служением Дерека Принса на русском языке
Translation and publication by Derek Prince
Ministries – Russia

Вы можете написать нам по адресу:
Служение Дерека Принса
а/я 72
Санкт-Петербург
191123
Россия

Служение Дерека Принса
а/я 3
Москва
107113
Россия

ISBN: 978-1-78263-030-2

Вы можете обратиться к нам через
интернет: info@derekprince.ru

или посетить нашу страницу:
www.derekprince.ru

DEREK
PRINCE
MINISTRIES
RUSSIAN WORLDWIDE

СОДЕРЖАНИЕ

ЧТО ОЗНАЧАЕТ: УПОВАТЬ НА БОГА

Тема, которой я собираюсь поделиться с вами, говорит об одной из форм духовной дисциплины, которая много раз упомянута в Библии, но очень мало понимается — или практикуется — современными христианами, — по крайней мере, на Западе.

Итак, нашей темой будет та форма дисциплины, которую Библия называет ожиданием Бога (в русском Синодальном переводе часто говорится об уповании, но перевод с еврейского оригинала дословно звучит так: «ждать», «ожидать», «поджидать»; переносное значение: «надеяться», «уповать» — примеч. редактора). Есть много мест в Библии, которые говорят об ожидании Бога. Для начала мы вкратце рассмотрим несколько таких мест Писания. Во-первых, Псалом 24:2-5:

Боже мой! на Тебя уповаю, да не постыжусь, да не восторжествуют надо мною враги мои. Да не постыдятся и все надеющиеся на Тебя; да постыдятся беззаконнующие втуне. Укажи мне, Господи, пути Твои и научи меня стезям Твоим. Направь меня на истину Твою и научи меня; ибо Ты Бог спасения моего; на Тебя надеюсь всякий день.

К Тебе, О, Господь, я возношу душу мою. О, мой Бог, в Тебе мое доверие, не позволь мне быть постыженным; не позволь моим врагам вознестись надо мною. Воистину, никто из тех, кто ожидает Тебя, не будет постыжен; но те, кто действуют предательски без причины, будут посрамлены. Открой мне пути Твои, О, Господь; научи меня стезям Твоим. Введи меня в Твою истину и научи меня, ибо Ты Бог моего спасения; Тебя ожидаю я каждый день.

Новая Американская Стандартная
Версия

Обратите внимание, что в этих стихах дважды упомянуто об ожидании Бога. В третьем стихе Давид пишет: «Воистину, никто из тех, кто ожидает Тебя, не будет постыжен». В конце этой молитвы он говорит: «Тебя ожидаю я каждый день». А прямо перед этим он говорит: «Ты Бог моего спасения». Полагаю, здесь есть связь. Если Бог является Богом нашего спасения, тогда наши отношения с Ним будут включать в себя и ожидание Его. Тогда мы обязательно будем ждать Его, и если необходимо, то всякий день. В связи с этим в этой молитве звучат такие слова: «Открой мне пути Твои, О, Господь;

научи меня стезям Твоим». И я верю, что одним из способов познать Божьи пути и Божью силу является ожидание Его. Если мы не готовы ожидать Его, то мы никогда не сможем научиться некоторым определенным вещам.

Теперь давайте заглянем в Псалом 26:11-14:

> *Научи меня, Господи, пути Твоему, и наставь меня на стезю правды, ради врагов моих; не предавай меня на произвол врагам моим; ибо восстали на меня свидетели лживые и дышат злобою. Но я верую, что увижу благость Господа на земле живых. Надейся на Господа («ожидай Господа»), мужайся, и да укрепляется сердце твое, надейся на Господа («ожидай Господа»).*

Мы видим в последнем стихе, что Давид дважды говорит: «Ожидай Господа... ожидай Господа». И снова, немного ранее, мы видим в этой молитве такие слова: «Научи меня, Господи, пути Твоему и наставь меня на стезю правды». И снова это связано с молитвой освобождения от врагов. Поэтому я верю, что ожидание Бога является ключом к познанию Его пути, и одним из тех шагов, в которых мы иногда нуждаемся, когда ищем освобождения от наших врагов и от противодействия.

Есть еще один прекрасный отрывок в Книге пророка Исаии 64:4, в котором Исаия обращается к Господу. Он говорит, что есть определенные вещи, которые характерны для истинного Бога, и одним из этого является следующее:

Ибо от века не слыхали, не внимали ухом, и никакой глаз не видал другого бога, кроме Тебя, который столько сделал бы для надеющихся на него (Новая Международная Версия: *«столько бы действовал в интересах ожидающих Его»*).

Итак, это одно из отличительных качеств Единого истинного Бога: Он действует в пользу тех, кто ожидает Его. Одним из тех путей, из тех способов, которыми нам необходимо быть связанным с этим чудесным Богом, Правителем всей Вселенной; одним из путей, по которому мы придем на то место, где Он будет действовать в нашу пользу — является ожиданием Его.

В чем суть ожидания Бога? Из чего оно состоит? Почему это так важно? Почему Писание делает такое большое ударение на этом? Мне бы хотелось предложить на ваше рассмотрение отрывок из 61-го Псалма, который, наверное, содержит саму суть этой чудесной тайны ожидания Бога. Псалом 61:2-3, и 61:6-7 (Новая Международная Версия):

Моя душа ожидает в тишине Бога, и только Бога одного; от Него мое спасение. Только Он скала моя и спасение мое, моя цитадель; я не буду сильно потрясён.

Затем, в стихах 6 и 7 он возвращается к тем же самым словам исповедания веры, но здесь появляется некоторое важное отличие.

Душа моя ожидает в тишине Бога, и только Бога одного; от Него моя надежда. Только Он скала моя и спасение мое; я не буду поколеблен совершенно.

Важно увидеть в этих стихах, что здесь четыре раза встречается слово «только». Каждый раз, когда говорится об ожидании Бога, после этого сразу же добавляются слова «и только Бога одного». Здесь также говорится об ожидании Бога в тишине. Другими словами, это фокусирование всего нашего внимания на Боге. Это означает полностью обратиться к Нему, и продолжать смотреть на Него. Не предпринимая нетерпеливых и немудрых действий, не поддаваясь давлению плоти, но сфокусировав наше внимание на Боге, ожидая Его в тишине.

Почему же ожидание Бога так важно? Какие результаты оно производит в нас? Я бы сказал, что, ожидая Бога, мы по-особому признаем Его. Мы даем Ему должное место в нашей жизни. Это так строит наши взаимоотношения с Ним, как ничто другое их строить не может. Ожидая Бога, мы в частности узнаём и признаём Его в трех проявлениях.

Во-первых, признаем, что Он является нашим источником. Вот почему сказано: «Ожидай только Бога». Псалмист говорит своей душе: «Все, что тебе нужно, может придти только от Бога». Вы не нуждаетесь больше ни в каком источнике. Поэтому бесполезно обращаться в любом другом направлении. Вы должны хранить свое сердце и свой разум сфокусированным на Боге, ожидая Его.

Во-вторых, мы признаем Божью суверенность, и это очень важно. Инициатива принадлежит Богу. Время назначает Бог. Мы не можем указывать Богу, когда делать чтото. Мы должны ждать, пока Бог, в Своей бесконечной мудрости, решит, что настало нужное время. Таким образом, мы признаем Божью суверенность в нашей жизни.

В-третьих, мы признаем нашу зависимость от Бога. Это болезненный вопрос для каждого из нас, потому что в результате грехопадения человека, человеческая сущность пропиталась глубоким желанием быть независимой — даже от Бога. Ожидание Бога расправляется с этим стремлением к независимости. Оно постоянно напоминает нам, что мы зависимы от Бога. Инициатива приходит от Бога. Единственный источник — это Бог. Таким образом, это смиряет и подавляет в нас эти плотские импульсы постоянного стремления быть независимыми от Бога.

В заключение, обратите внимание на перемену, которая происходит по ходу этого отрывка из 61-го Псалма. Сначала, во втором стихе, Давид говорит: «Моя душа ожидает в тишине Бога, и только Бога одного». Сразу за этим он говорит в 3-ом стихе: «я не буду сильно потрясён» (т.е. если я и буду потрясен, то не сильно — я устою). Затем, в 6-ом стихе он говорит: «Душа моя ожидает в тишине Бога, и только Бога одного». А в 7-ом стихе он говорит: «я не буду поколеблен совершенно». Другими словами, ожидание Бога развивает стабильность.

Наконец, мы всегда должны напоминать себе, что в наших взаимоотношениях с Богом ожидание всегда взаимно. Не только мы ожидаем Бога, но и Бог ожидает нас. В Писании есть прекрасный стих, подчеркивающий это. Книга пророка Исаии 30:18:

И потому Господь медлит, чтобы помиловать вас, и потому еще удерживается, чтобы сжалиться над вами; ибо Господь есть Бог правды; блаженны все уповающие на Него!

Поэтому Господь ждет, чтобы быть милостивым к вам, и поэтому Он ожидает на высоте, чтобы явить сострадание вам. Потому что Господь является Богом правосудия: как благословенны все, кто ожидает Его!

Новая Американская Стандартная Версия

Мы склонны смотреть только на себя и говорить: «Боже, я ожидаю Тебя». Но мы нуждаемся в откровении из этого места Писания, которое поднимет нас и покажет нам, что это дорога с двусторонним движением. Не только мы ожидаем Бога, но и Бог с высот, ожидает нас. Он с большим желанием ждет того, что бы явить Свою милость и излить Свое сострадание. Поэтому, хотя порой наше терпение, может быть, подвергаться испытаниям, давайте помнить о том, что ожидание является взаимным — оно двустороннее. Мы ждем Бога, но и Бог также ожидает нас. И причина, почему Он ждет, состоит в том, что Он желает быть милостивым и проявить Свое участие к нам.

ЧТО ОЖИДАНИЕ ПРОИЗВОДИТ В НАС

Во вступительной части я указал на то, что Библия очень много говорит об ожидании Бога, и привел несколько примеров. Я также выделил то, что, как верю, является сущностью ожидания Бога, как оно показано в Псалме 61:2-3 и 6-7. Давайте прочитаем эти слова еще раз, потому что я полагаю, что они очень важны. Псалом 61:2-3 (Новая Международная Версия):

Моя душа ожидает в тишине Бога, и только Бога одного; от Него мое спасение. Только Он скала моя и спасение мое, моя цитадель; я не буду сильно потрясён.

Затем, стихи 6 и 7:

Душа моя ожидает в тишине Бога, и только Бога одного; от Него моя надежда. Только Он скала моя и спасение мое; я не буду поколеблен совершенно.

Позвольте мне вкратце напомнить то, о чем уже было сказано. Прежде всего, мы обратили внимание на слово «только», которое встречается здесь четыре раза. Ожиданием

Бога мы добровольно предоставляем Ему совершенно уникальную позицию. Мы говорим: «Только Бог является единственным источником всего, в чем я нуждаюсь». Таким образом, ожидая Бога, мы признаем Его нашим Богом.

В частности, мы признаем три аспекта в наших взаимоотношениях с Богом, и в Его взаимоотношениях с нами. Во-первых, мы признаем, что Он является нашим источником. Во-вторых, мы признаем Божью суверенность. И, в-третьих, мы признаем нашу зависимость от Бога, тем самым разбираясь с тем плотским стремлением, которое есть в каждом человеческом существе — а именно: хоть в чем-то, хоть как-то, но быть независимым от Бога.

Затем, мы обратили внимание на трансформацию, которая произошла по ходу этой молитвы Давида. Сначала он говорит, в 3-ем стихе: «я не буду сильно потрясён». Но во второй раз, он говорит, в 7-ом стихе: «я не буду поколеблен совершенно». Таким образом, мы видим, что ожидание Бога развивает стабильность. Мы начинаем с положения, в котором мы не будем сильно потрясены, и, ожидая Бога, приходим в то место, где мы вообще не будем поколеблены.

Я также указал на то, что наше ожидание является взаимным — не только мы ожидаем Бога, но и Бог ожидает нас — в этом есть две стороны. И Бог ждет того, чтобы Он смог проявить к нам Свое участие, излить на нас Свою милость. Поэтому мы никогда не должны быть сконцентрированными на себе и думать только о том, что: «Почему мне приходится ожидать Бога?» Мы должны напоминать себе: «Благодарение Богу, Он тоже ждет меня!»

В этой части мы будем рассматривать три следующих результата, которые производит ожидание Бога. Прежде всего, ожидание Бога является обязательной частью процесса, посредством которого мы становимся зрелыми и совершенными. Давайте для начала обратимся к Посланию Иакова 1:2-4:

С великою радостью принимайте, братия мои, когда впадаете в различные искушения, зная, что испытание вашей веры производит терпение; терпение же должно иметь совершенное действие, чтобы вы были совершенны во всей полноте, без всякого недостатка.

Это прекрасный и обоснованный вывод. Уверен, что все мы хотели бы стать зрелыми и совершенными, без всякого недостатка. Но не все мы и не всегда рады тому процессу, который приводит нас в состояние зрелости и совершенства. Однако, апостол Иаков говорит, что есть только один путь туда — через испытание нашей веры. И он говорит, что когда мы проходим и выдерживаем испытания, это развивает терпение и выносливость. А от терпения приходит зрелость и совершенствование нашей веры и нашего характера.

Терпеть означает продолжать держаться и не сдаваться, ни смотря ни на что. Не просто когда мы должны делать что-то, но и тогда, когда мы не должны делать чего-то. И я склонен думать, что последнее часто намного труднее, чем первое. Не так трудно продолжать делать что-то, будучи занятым этим, но когда вам не надо делать ничего, оставаться в покое и просто ждать — это является намного большим испытанием вашей веры. Просто ждать — ждать Бога — в покое ждать Бога— ждать только Бога. Он единственный является решением вашей проблемы. Он единственный сможет восполнить вашу нужду. Вы не сможете сделать этого сами. Становится слишком занятым, бегать кругами и пытаться сделать это, и выполнить то — все это напрасный труд, когда вы должны просто ожидать Бога. И такое ожидание Бога укрепит и сделает более зрелым ваш характер.

Во-вторых, ожидание Бога производит ясную безмятежность. Это такое прекрасное слово, но оно не очень часто применимо в нашей современной культуре. Давайте прочитаем прекрасные слова, которые написаны в Псалме 36:7-9:

Покорись Господу и надейся на Него. Не ревнуй успевающему в пути своем, человеку лукавствующему. Перестань гневаться и оставь ярость; не ревнуй до того, чтобы делать зло. Ибо делающие зло истребятся, уповающие же на Господа наследуют землю.

Покойся в Господе и терпеливо ожидай Его; не мучь и не терзай себя из-за того, кто преуспевает на пути своем, осуществляя нечестивые замыслы, махинации и схемы. Освободись от гнева, и оставь ярость; не раздражайся, это ведет только к злым делам. Но делающие зло будут отсечены. А те, кто ожидает Господа, унаследуют землю.

Новая Американская Стандартная
Версия

В самом начале сказано: «покойся в Господе». Как мы покоимся в Нем? Терпеливо ожидая Его. Что является противоположным терпеливому ожиданию? Раздражение, беспокойство. Таким образом, терпеливое ожидание разделывается с этой нашей внутренней тенденцией к раздражению, недовольству, озабоченности, тревоге, нетерпеливости, нервозности. Ожидай терпеливо и не раздражайся.

Затем сказано: «перестань гневаться и оставь ярость». Ожидание Господа разбирается с этими двумя проблемами характера, которые есть у многих из нас: гнев и ярость. Вы знаете разницу между гневом и яростью? Дам вам небольшую иллюстрацию. Гнев — это чайник, находящийся на плите, который чем дальше, тем сильнее разогревается. А ярость — это когда он вскипает и у него срывает крышку. Итак, если вы дадите место гневу, то через какое-то время придет и ярость. Поэтому единственное решение — это выключить плиту. Как мы можем выключить плиту? Ответ такой: ожиданием и упованием на Бога. Оно разбирается с раздражением.

Оно разбирается с гневом. Оно разбирается с яростью. Оно развивает ясную безмятежность.

Затем, нам необходимо помнить, что Божье наследство приходит к тем, кто научился ждать. Мы можем обратиться к словам Нагорной проповеди Иисуса, записанной в Евангелии от Матфея 5:5:

Блаженны кроткие, ибо они наследуют землю.

Другое возможный перевод слова, которое переведено как «кроткие», это «мягкие», «смиренные», «покорные». Таким образом, ожидание Бога развивает смирение, кротость и мягкость. И эти качества делают нас наследниками земли. Не восхитительно ли это? Полагаю, что большинству из нас надо услышать эти слова: «Все приходит к тому, кто ждет». Если мы понимаем эти слова правильно, то это действительно является истиной. Потому что те, кто ждет, будет наследовать землю. Они будут Божьими наследниками.

Третий результат, который производит ожидание Бога, я бы назвал сверхъестественным изменением. Когда мы принимаем условия ожидания Бога, внутри нас происходит некая сверхъестественная и чудесная трансформация. Давайте обратимся к словам из Книги пророка Исаии 40:28-31:

Разве ты не знаешь? разве ты не слышал, что вечный Господь Бог, сотворивший концы земли, не утомляется и не изнемогает? разум Его неисследим. Он дает утомленному силу, и изнемогшему дарует крепость. Утомляются и юноши и ослабевают, и молодые люди падают, а надеющиеся на Господа («ожидающие Господа») обновятся в силе; поднимут крылья, как орлы, потекут, и не устанут, пойдут, и не утомятся.

Здесь есть некоторые прекрасные обетования для тех, кто ожидает Господа. Во-первых, мы снова осознаем, насколько неисчерпаемы Божьи ресурсы, насколько бесконечна Его сила, насколько безгранична Его мудрость. Когда мы говорим об ожидании Бога, то всегда должны помнить, что мы должны иметь правильное представление о Боге в нашем сознании.

Затем, пророк Исаия убеждает нас, что Бог даст силу уставшему, и умножит способности немощного. Но в то же самое время Он предупреждает нас, что это произойдет тогда, когда мы придем к концу наших естественных сил, прообразом которых являются юноши и энергичные молодые люди. Юноши утомляются и устают, бойкие молодые люди спотыкаются и падают. Другими словами, пророк Исаия говорит нам о конце всей естественной силы, способностей — и что их недостаточно. Мы нуждаемся в сверхъестественной силе и в сверхъестественных способностях. Это приходит к тем, кто ожидает Господа. Пророк Исаия говорит, что они обретут новую силу.

В еврейском оригинале сказано буквально следующее: «они произведут обмен силы». Видите ли вы эту картину? Вот, вы ослабли, устали, пришли к концу своих собственных ресурсов, и больше ничто не может принести существенных результатов, остается только что? Ждать Господа и уповать на Него. Ваше сердце и ваш разум полностью направлены к Нему. Вы обращаете ваши глаза к Нему. Вы осознаете, что ответа нет ни у вас, ни в мире, который окружает вас. Решение может придти только от Господа. И когда вы исполните это условие, то в назначенное Богом время вы обновитесь в силе. Вы обменяете свою силу. Вместо вашей слабости и ограниченности, вы получите Божественную, сверхъестественную силу Божью.

Мне бы хотелось подчеркнуть слово сверхъестественную. Ожидание Господа является одним из ключей к вхождению в сверхъестественное. В следующей части мы поговорим с вами о примере Авраама. Мы проследим жизнь Авраама и посмотрим, как он, научившись ждать Господа, подошел к моменту сверхъестественного преобразования в своей собственной жизни. Аврааму пришлось пройти через многолетнее обучение, через урок длинною в 25 лет. Но это ожидание Господа стоило того, потому что в конце Авраам вошел в новую силу. Он получил сверхъестественную силу от Бога. Поэтому позвольте в заключение дать вам это обетование: ожидающие Господа обретут новую силу.

СЛЕДУЯ ВЕРЕ АВРААМА

В двух предыдущих частях мы рассмотрели четыре полезных результата, которые производит в нас ожидание Бога. Во-первых, ожидание Бога развивает стабильность. Мы увидели, что сначала псалмист говорит: «я не буду сильно потрясён», но затем он говорит: «я не буду поколеблен совершенно». Таким образом, мы видим, что из ожидания Бога происходит переход к совершенной стабильности.

Во-вторых, ожидание Бога является неотъемлемой частью процесса нашего духовного созревания и совершенствования. Апостол Иаков говорит нам, что этот процесс требует выносливости и терпения. Терпение означает держаться, не смотря ни на что — как продолжая делать что-то правильное, так продолжая не делать что-то неправильное. Терпение является самым тяжелым испытанием.

В-третьих, ожидание Бога производит ясную безмятежность. Это решение проблемы раздражения, гнева и ярости.

В-четвертых, результатом ожидания Бога является сверхъестественное преобразование. Пророк Исаия говорит нам, что те, кто ожидают Господа, обновятся в силе. Но дословный перевод с еврейского оригинала звучит так: «они обменяют свою силу». Вместо своей естественной силы они получат сверхъестественную силу Божью. Итак, ожидание Бога — это путь к получению неограниченных ресурсов Божьих.

В этой части я хочу проиллюстрировать этот принцип ожидания Бога жизнью Авраама. Во-первых, нам необходимо увидеть, что Авраам является как нашим духовным отцом, так и нашим примером. Следовательно, его опыт является важным для нас, верующих. Об этом сказано Павлом в Послании Римлянам 4:11-12:

> *И знак обрезания он (Авраам) получил, как печать праведности через веру, которую имел в необрезании, так-что он стал отцом всех верующих в необрезании, чтобы и им вменилась праведность, и отцом обрезанных, не только принявших обрезание, но и ходящих по следам веры отца нашего Авраама, которую имел он в необрезании.*

Здесь мы видим два важных момента. Во-первых, Авраам является отцом всех верующих; во-вторых, нам необходимо идти по следам веры Авраама. Его жизнь является своеобразным примером для нас.

Но как его духовный опыт связан с ожиданием Бога? Именно в жизни Авраама это видно очень ясно. На самом деле, можно сказать, что ожидание было одним из самых серьезных испытаний, через которые ему надлежало пройти — возможно, самым великим испытанием.

Видите ли, исполнение Божьего обетования в жизни Авраама вращалось вокруг рождения обещанного наследника. Ему было сказано, что он будет иметь наследника, и через этого наследника Бог произведет народ, через который благословятся все народы. И что его потомки умножатся как звезды небесные и песок морской. Все в его жизни в конечном итоге зависело от исполнения этого обетования о наследнике. Но для этого он должен был ждать Бога.

Изучая жизнь Авраама, на ее примере мы видим две стороны: негативную и позитивную. Авраам не всегда делал правильные вещи. В вопросе получения обещанного наследника он сделал очень серьезную ошибку. Он не был готов ждать Бога. Давайте сделаем повременной обзор жизни Авраама. Это интересно. Итак, Аврааму было 75 лет, когда он покинул Харран в своем странствовании в Обетованную землю. Через 10 лет он устал ждать обещанного наследника, и он решил сделать что-то, чтобы помочь Богу, — если можно так сказать. Он сделал это своим умом и своей собственной силой. Судя по всему, Сара не могла иметь детей, поэтому, с полного согласия Сарры, мало того — по ее совету, он взял в качестве наложницы Саррину служанку, по имени Агарь. Та родила от Авраама ребенка, которого назвали Измаил.

Когда Агарь родила Измаила, Аврааму было 86 лет. Прежде чем Измаил родился, ангел Божий предсказал то, каким он будет.

Об этом написано в книге Бытие 16:11-12:

> *И еще сказал ей* (Агари) *Ангел Господень: вот, ты беременна, и родишь сына, и наречешь ему имя: Измаил; ибо услышал Господь страдание твое...*

Измаил означает: «Бог слышит».

> *... он будет между людьми, как дикий осел; руки его на всех, и руки всех на него; жить будет он пред лицем всех братьев своих* (Новая Международная Версия: *«он будет жить во враждебности по отношению ко всем своим братьям»*).

Важно увидеть, что является плодом нашей нетерпеливости и плотских побуждений и порывов. Результатом является «дикий осел». Это пророчество использует очень ясный язык: «он будет между людьми, как дикий осел; рука его против всех, и рука всех против него; он будет жить во враждебности по отношению ко всем своим братьям». Мы видим очень наглядную картину того, что является следствием не желания ждать Бога — это продвижение вперед через свои собственные плотские побуждения и делание того, что кажется правильным в наших глазах, принятие «полезных» советов со стороны, попытка помочь Богу. Однако, тем самым, мы не только не решаем нашу проблему, но и усугубляем ее.

Сын Агари, Измаил, является отцом арабской нации, проживающей на Ближнем Востоке. Проблема, которая началась тогда, насчитывает более четырех тысяч лет, и сейчас становится еще более острее, чем тогда. Потому что потомки Измаила, являются постоянными и ожесточенными врагами государству Израиль, и потомкам обетованного семени Исаака и Иакова. Итак, если эта история учит нас чему-то, то тому, что нам стоит ждать Бога, что опасно терять терпение и начинать действовать по своей собственной инициативе, уступая место своим плотским порывам и «советам помощи» со стороны других людей, и пытаться помогать Богу и разрешать проблему своим собственным способом. Потому что вместо разрешения проблемы, вы еще более усугубите ее.

Теперь давайте обратимся к позитивной стороне примера Авраама. Судя по Писанию, следующие 13 лет после рождения Измаила, Авраам не получал дальнейших откровений от Бога. В течение 13 лет он находился вне гармонии с Богом. Как он выпал из гармонии с Богом? Действуя согласно своим собственным душевным импульсам, не ожидая Бога. Видите ли, ожидание Бога является ключом к гармонии с Богом. Однако, 13 лет спустя, и для Авраама эти 13 лет видимо были очень длинными, когда ему было 99 лет, Бог дал ему обетование семени: сын Исаак от Сарры. Исаак родился, когда Аврааму исполнилось 100 лет. Таким образом, Авраам должен был ждать 25 лет исполнения обещания, от которого зависело все в его жизни, что имело для него ценность.

Можете ли вы отождествить себя с Авраамом? Подумайте, что означает ждать 25 лет; видеть как стареет ваше тело; наблюдать старение своей жены Сарры; осознавать, что вы теряете всякую надежду в естественном плане. И подумайте о том сверхъестественном преобразовании, которое приходит от ожидания, о котором мы говорили в предыдущей части. Для этого давайте обратимся к месту Писания, которое описывает эти результаты. Послание Евреям 11:11-12 (Новая Американская Стандартная Библия):

Верою Авраам — даже понимая то, что он стар, а Сарра бесплодна — оказался способен стать отцом, потому что он считал верным Того, Кто дал обещание. И таким образом от одного, и притом омертвелого, произошло столько потомков, сколько звезд в небе, и сколько песка на морском побережье.

Результатом чего было это сверхъестественное чудо, которое изменило физическое состояние, как Авраама, так и Сарры, сделав их способными иметь собственного ребенка? Это было результатом ожидания Бога и упования только на Него.

Как видите, это является подтверждением того, что сказано в 40-ой главе Книги пророка Исаии: «Ожидающие Господа обретут новую силу». А более дословно это звучит так: «они обменяют свою силу» и вместо своих собственных изношенных тел, своей собственной ограниченной естественной способности, они примут эту Божью сверхъестественную силу и способность.

Позвольте мне сделать последний комментарий по этому поводу. Божьи цели по своей сути являются сверхъестественными, и для их выполнения требуется то, что называю периодом вынашивания. Они достигаются не сразу. Божьи обетования подобны семенам. Посеянные в землю они требуют времени для того, чтобы принести обещанные плоды. Во время этого периода «беременности», мы ожидаем Бога. Таким образом, мы видим, что ожидание Бога является необходимым и разумным требованием для получения этого дара благодати — сверхъестественной Божьей способности и силы, которые только и смогут произвести те результаты, в которых мы нуждаемся.

ПРИХОДЯ В ГАРМОНИЮ
С БОГОМ

Мне приятно делится драгоценными от-кровениями Писания, которое отделили успех от неудачи в моей жизни — и могут сделать то же самое в вашей. В предыдущих частях мы говорили о том, что ожидание Бога дает четыре результата. Во-первых, оно раз-вивает в нас стабильность. Во-вторых, оно является неотъемлемой частью процесса, через который мы приходим к зрелости и совершенству. В-третьих, оно дает ясную безмятежность. Оно разбирается с волнени-ем, раздражительностью, гневом и яростью. В-четвертых, в результате его приходит сверхъестественное преобразование. Пророк Исаия говорит нам, что ожидающие Госпо-да обменяют свою силу, что вместо своей ог-раниченной естественной силы они получат сверхъестественную Божью силу.

В предыдущей части мы увидели, как этот принцип, о котором говорит Исаия, нашел свое проявление в жизни Авраама. И мы рас-смотрели два аспекта действия этого прин-ципа в жизни Авраама: как он перешел от негативного аспекта к позитивному аспек-ту. Прежде всего, с негативной стороны мы увидели, что произошло, когда Авраам нарушил этот принцип — когда он не смог ждать Бога и начал действовать по своей собственной инициативе, подчинившись своим собственным плотским порывам, поддерживаемый дельным (вполне рациональным) предложением своей жены, пытаясь помочь Богу, и заимев от своей служанки ребенка — Измаила. Писание говорит, что еще до рождения Измаила, прозвучало Божье предсказание о нем: «он будет между людьми, как дикий осел». Удивительно, насколько это слово уместно даже сегодня. Видите ли, плотская натура в нас — это ослиная натура. И когда мы идем на уступки плотской натуре, тогда она рождает еще одного осла. Не имеет значения, насколько хорошими могут быть наши намерения, это является выражением нетерпеливости и своеволия, и это всегда будет просто ослом.

Мы убедились в том, что Авраам не решил своих проблем, а лишь умножил их. Измаил стал величайшей проблемой для тех потомков Авраама, которым Бог дал обетование, Исааку и Иакову. Сегодня, четыре тысячи лет спустя мы видим на Ближнем Востоке конфронтацию между потомками Измаила и потомками Исаака. Если бы Авраам ожидал Бога, то насколько другой могла быть история. Но мы не должны слишком спекулировать по поводу этого если, потому что таким путем должна была идти история. Авраам сделал свою ошибку, и он и его потомки должны платить за нее даже до сих пор.

Однако, слава Богу, это не единственный аспект опыта Авраама, который мы видим. Позитивная сторона в том, что Авраам в конечном итоге выучил этот урок. Тринадцать лет спустя, после рождения Измаила, Бог дал ему окончательную гарантию, что Исаак, обещанное семя, будет рожден. Таким образом, спустя 25 лет с того момента, когда Бог впервые вывел Авраама в его путешествие в Обетованную землю и дал ему обещание о наследнике, это обетование было исполнено. Авраам должен был ждать 25 лет. И должен сказать вам, что я питаю глубокое уважение к Аврааму за его многолетнее ожидание в вере. После это произошло то, о чем мы говорили — сверхъестественное преобразование, как Авраама, так и Сарры. Их тела пережили сверхъестественную трансформацию. Бог восстановил их способность иметь ребенка.

В этой части я собираюсь развить тему, которой мы лишь коснулись в предыдущей части — приход в согласие и гармонию с Богом.

Мы уже говорили о том, что продвигаясь вперед, не ожидая Бога, Авраам вышел из гармонии с Богом. На протяжении тринадцати лет он не имел связи с Богом, он не получал никаких откровений от Бога. Ему потребовалось тринадцать лет для того, чтобы вернуться в гармонию. Таким образом, ожидание связанно с временным элементом нашей жизни. Библия многое говорит об этом. Например, в Псалме 30:15-16:

А я на Тебя, Господи, уповаю; я гово-

рю: Ты — мой Бог. В Твоей руке дни
мои (в большинстве других переводов
и в оригинале сказано: «в Твоей руке
время мое») ...

Это очень важное утверждение. Это одно
из тех мест Писания, которые я часто про-
возглашал. Я много раз говорил Богу: «Мое
время в Твоей руке. Я не собираюсь быть
нетерпеливым. Я собираюсь уповать на Тебя.
Я знаю, что Ты имеешь полный контроль
над временным элементом в моей жизни».
И когда я действительно ухватываюсь за это
и действую согласно этому, то освобожда-
юсь от тесноты и давления.

Видите ли, Библия учит, что есть надле-
жащее время для всякой деятельности. Об
этом очень наглядно говорится в книге Екклесиаста 3:1-8, и это является одними из
моих самых любимых стихов в Библии.
Возможно, некоторые из вас не слишком
часто открывают книгу Екклесиаста, то позвольте сказать, что там есть настоящие
жемчужины. Вот что сказано в Екклесиаста 3:1-8:

Всему свое время, и время всякой
вещи под небом (Новая Международная Версия: «*время для всякой дея-*
тельности под небесами»). *Время*
рождаться, и время умирать; время
насаждать, и время вырывать поса-
женное. Время убивать, и время вра-
чевать; время разрушать, и время
строить; время плакать, и время
смеяться; время сетовать, и время
плясать; время разбрасывать камни,

и время собирать камни; время обнимать, и время уклоняться от объятий; время искать, и время терять; время сберегать, и время бросать; время раздирать, и время сшивать; время молчать, и время говорить; время любить, и время ненавидеть; время войне, и время миру.

Если вы проанализируете эти стихи, то обнаружите четырнадцать пар противоположных действий. И принцип, который проходит через все это, гласит, что для всего есть свое правильное время. Все упомянутое здесь будет правильным, если будет совершенно в правильное время. Но это же будет неправильным, если будет сделано в неправильное время. И одной из самых распространенных проблем является то, что мы часто пытаемся сделать правильные вещи в неправильное время. Мы сосредотачиваемся на выяснении, правильно ли это, но не обращаем внимания на время. Это немного напоминает мне теорию относительности, которая говорит о том, что вы не сможете определить положение в пространстве, не определив положения во времени, потому что время и пространство взаимосвязаны.

То же самое и с нашими действиями. Мы не можем сказать, что вот это действие является правильным. Единственное, что мы можем сказать, так это то, что это правильно, если сделано в правильное время. Поэтому мы должны научиться ожидать Божьего времени. Что делает ожидание Бога? — оно приводит нас в гармонию с Богом. Видите ли, Бог предлагает нам ходить с Ним. Есть интересный вопрос в Книге пророка Амоса 3:3:

Пойдут ли двое вместе, не сговорившись между собою (Версия короля Иакова: *«не согласившись»*)?

Эти двое, о которых говорит пророк Амос, это Бог и человек. Можем ли мы идти вместе, если мы не находимся в согласии, если мы не в гармонии, если мы не идем нога в ногу? Хождение с Богом требует того, чтобы мы шли нога в ногу с Богом, шли соразмерно Ему, в одном ритме с Ним. Вселенная подобна огромной музыкальной симфонии, но партия человека выпала из общей гармонии в результате греха. Человек выпал из тональности и из такта. Цель искупления состоит в том, что вернуть нас назад в гармонию. Не просто в правильную музыкальную тональность, но в правильную тональность и в правильный музыкальный такт. Любой, кто знаком с музыкой, знает, что хотя вы будете играть правильную нотную композицию, но если вы будете играть в неправильное время, то тогда наступит полный диссонанс.

Теперь мне бы хотелось еще раз подчеркнуть то, о чем мы говорили в предыдущей части, что сверхъестественные цели Божьи требуют периода созревания. Можно сказать немного по-другому: для того, чтобы семени прорасти, ему требуется определенное время. Когда Бог дает обетование, когда Он открывает Свои намерения, прежде чем это исполнится, должно пройти определенное время. И мы приходим в гармонию с Богом благодаря тому, что ожидаем времени для исполнения Божьих целей. Это относится и к взаимоотношениям Бога с человеком, как в прошлом, так и в будущем. Давайте посмотрим на описание первого пришествия Иисуса в Послании Галатам 4:4:

... Но когда пришла полнота времени, Бог послал Сына Своего (Единородного), Который родился от жены...

Таким образом, в истории человечества наступил точно благоприятный момент времени для прихода Иисуса. И Бог, с Его совершенным чувством такта, как дирижер симфонии всей Вселенной, дождался этого точного момента для того, чтобы послать Иисуса к людям.

Но это относится также и к возвращению Иисуса и окончанию века сего. Есть назначенное время. Об этом прекрасно сказано в Послании Ефесянам 1:9-10:

... Открыв нам тайну Своей воли по Своему благоволению, которое Он прежде положил в Нем, в устроении полноты времен, дабы все небесное и земное соединить под главою Христом...

... И Бог сделал известной нам тайну Своей воли, которая соответствует Его славному намерению, начатому во Христе, которое

осуществится тогда, когда времена достигнут своей полноты — соединить все на небесах и на земле под единой Головой, под Христом.

Новая Международная Версия

Это подобно кульминации симфонии. Это соединяет все во вселенной, на небесах и на земле, под главой, Иисусом Христом. И вы знаете, что когда вы достигаете конца симфонии — например, 40-й симфонии Моцарта — то вы сводите все темы и все инструменты вместе, которые сливаются в один грандиозный аккорд. Вот также будет в заключение века сего. Когда времена достигнут своей полноты, тогда Христос проявит Себя как Царь над всей Вселенной, и мы займем наше место с Ним в Его Царстве. Но каждый из нас должен почитать себя и других отдельными музыкальными инструментами. Мы должны быть очень внимательны, чтобы нам звучать в свое время, чтобы нам находится в гармонии с Божьими целями и действиями. Мы должны внимательно чувствовать такт, не для того, чтобы просто играть по нотам, но чтобы знать свое время играть эти ноты. А для этого требуется учиться ждать Бога.

ОЖИДАЯ КУЛЬМИНАЦИИ

Итак, мы заканчиваем изучение нашей темы: «Ожидание Бога». В предыдущей части мы говорили об элементе времени в нашей жизни. Я указал на то, что Бог приглашает нас ходить с Ним. Книга пророка Амоса 3:3:

Пойдут ли двое вместе, не сговорившись между собою (Версия короля Иакова: *«не согласившись»*)?

И под этими «двумя» пророк Амос подразумевает Бога и человека. Могут ли Бог и человек идти вместе, пока они не придут в согласие? В другом переводе сказано: «... пока они не согласуют то, когда им повстречаться». Суть одна — здесь присутствует элемент времени. Если мы собираемся ходить вместе с Богом, то должны попасть в такт с Ним. Мы должны идти в ногу с Ним, в гармонии с Ним. И это означает, чтобы мы должны научиться принимать наше время от Него. А это обязательно, — раньше или позже, — будет включать в себя ожидание Бога.

Я собираюсь завершить нашу тему, упомянув в этой части о том, что ожидание Бога является отличительным признаком Божьего народа на земле. Вы удивите меня, если вы когда-нибудь задумывались над этим. Но одним из того, что отличает истинный Божий народ на земле, является то, что это ожидающие люди. Об этом очень ясно сказал апостол Павел, хваля христиан города Фессалоники, в своем письме к ним. Первое послание Фессалоникийцам 1:7-10:

> *… Вы стали образцом для всех верующих в Македонии и Ахаии. Ибо от вас пронеслось слово Господне не только в Македонии и Ахаии, но и во всяком месте прошла слава о вере вашей в Бога, так-что нам ни о чем не нужно рассказывать. Ибо сами они сказывают о нас, какой вход имели мы к вам, и как вы обратились к Богу от идолов, чтобы служить Богу живому и истинному и ожидать с небес Сына Его, Которого Он воскресил из мертвых, Иисуса, избавляющего нас от грядущего гнева.*

Обратите внимание, что он хвалит их за две вещи. Он пишет: «Вы стали примером, вы стали образцом для подражания. Мне не пришлось рассказывать о вас. Свидетельство о вас и вашем поведении уже оказало влияние на все близлежащие земли». И он говорит, что достойно похвалы две вещи, которые они делают. Прежде всего, он упоминает о том, что все они были идолопоклонниками и язычниками, но они обратились от своих идолов и теперь делают следующее: (1) служат живому и истинному

Богу, и (2) ожидают Его Сына с Небес. Удивлюсь, если вы когда-нибудь обращали внимание на это.

Все мы понимаем то, что служение Богу является отличительной чертой Его народа. Но как относительно ожидания Бога, ожидания Сына Божьего, Иисуса Христа с Небес. Но это идет рука об руку со служением. Полагаю, что для нас, как христиан, намного легче научиться служить, чем научиться ждать. Но обучение ожиданию является обязательной частью нашей жизненной дисциплины. Мне бы хотелось снова спросить вас, что труднее: служить или ждать? Уверен, что для большинства людей намного легче тяжело работать, чем длительное время ждать.

Хочу обратить ваше внимание, что ожидание всегда было отличительной чертой истинного Божьего народа вот уже более двух тысяч лет. Ожидание несет в себе определенные вещи, которые являются чрезвычайно важными. Мы упомянули о четырех составляющих.

Во-первых, оно подразумевает то, что мы смотрим дальше наших собственных узких интересов. Мы не замыкаемся на самих себе. Мы сознаем, что вне нас самих есть нечто более важное, чего мы должны ожидать.

Во-вторых, это означает, что мы смотрим дальше того, что мы можем достичь нашими собственными усилиями. Мы можем сделать очень многое, но окончательно разрешить все нужды может лишь вмешательство Божье в личности Иисуса Христа — и мы чувствуем настоятельную потребность в Его приходе. Пусть у вас никогда не будет такой идеи, что вы можете сделать все без Иисуса. Мы нуждаемся в Нём. И если мы нуждаемся в Нём, то мы должны ждать Его.

В-третьих, это означает, что мы ожидаем чего-то более высокого уровня. Это означает, что есть нечто большее, чем все то, что мы делаем на земном уровне. Сегодня многие люди, живущие на земле, не видят ничего выше. Они никогда не поднимают свои глаза выше земного уровня. Но Божий народ — это люди, которые поднимают свои глаза на более высокий уровень.

В-четвертых, это означает, что мы ожидаем чего-то от грядущего века. Это означает, что мы имеем надежду и предвкушение будущего, чего нельзя сказать о большинстве людей живущих на земле сегодня. Для огромного количества современных людей характерно пессимистическое отношение. Они в унынии спрашивают: «Что нас ждет в будущем? Зачем это всё? Что хорошего в том, чтобы иметь семью и растить детей? Всех нас ожидает уничтожение в ядерной войне, в глобальных катаклизмах или в результате чего-то еще». В то время как Божий народ отличается тем фактом, что он имеет надежду в будущем.

В связи с этим я вспоминаю об одном провозглашении ортодоксального иудейства, которому уже около 900 лет. Насколько я знаю, впервые оно было дано известным раввином Маймонидесом. Вот как оно звучит в нашем переводе: «Я верю с совершенной верой в пришествие Мессии, и хотя Он задерживается, я буду ждать Его каждый день». Видите ли, это держит еврейский народ отдельно от всех других людей. Это выделяет их. Это ждущий народ. Они ожидают Мессию (по Божьему провидению, они не приняли Его в первый раз, но Новый Завет ясно учит, что они получат откровение о Господе Иисусе, как о Своем Мессии, когда Он вернется во второй раз — примеч. редактора). Я тоже ожидаю Мессию. На мой взгляд это восхитительно, что мы ожидаем того же Самого Мессию. Я могу сказать с той же самой твердостью и тем же самым запалом, как и любой ортодоксальный иудей: «Я верю с совершенной верой в пришествие Мессии, и хотя Он задерживается, я буду ждать Его каждый день». Скажу вам, что это дает внутренний стержень человеку. Еврейский народ не смог бы пережить всего того, что он пережил, если бы у него не было этого ожидания Мессии.

Сравните это с тем, что сказал Павел христианам времен написания Нового Завета в Послании Титу 2:11-13:

Ибо явилась благодать Божия, спасительная для всех человеков, научающая нас, чтобы мы, отвергнувши нечестие и мирские похоти, целомудренно, праведно и благочестиво жили в нынешнем веке, ожидая блаженного упования («благословенной надежды») и явления славы великого Бога и Спасителя нашего Иисуса Христа...

Вы видите, что здесь сделано то же самое ударение — мы являемся ожидающим народом. Мы ожидаем благословенной надежды. Мы получили будущее, которое выделило нас от большинства людей в сегодняшнем мире, которые имеют глубокую внутреннее уныние и безнадежность. Ожидание этой благословенной надежды побуждает нас вести определенный образ жизни. Оно направляет нас к благочестивой, праведной и целомудренной жизни (слово «целомудрие» означает буквально: «самоконтроль» — примеч. переводчика). Она мотивируема тем фактом, что мы ожидаем возвращения Иисуса.

Затем, Послание Евреям 9:27-28:

И как человекам положено однажды умереть, а потом суд, так и Христос, однажды принеся Себя в жертву, чтобы подъять грехи многих, во второй раз явится не для очищения греха, а для ожидающих Его во спасение (Новая Международная Версия: «Но чтобы принести спасение тем, кто ожидает Его»).

Обратите внимание, Иисус придет, чтобы принести спасение только тем, кто ожидает Его. Это является необходимым условием для Божьего народа на земле в это время — ожидание возвращения Иисуса будет нашим решающим испытанием — испытанием на ожидание. После этого все перейдет в Богом назначенную кульминацию.

Мне бы хотелось показать вам кое-что из трех последних притчей, которым учил Иисус в 24-ой и 25-ой главах Евангелия от Матфея. Все они имеют нечто общее. В частности, в каждой из них есть люди, которых отвергнет Иисус, когда Он придет, потому что они были неверны в Его отсутствие. Первая притча говорит о неверном слуге, который был поставлен старшим в доме своего хозяина, но злоупотребил своей властью. Вот, что сказано о нем в Евангелии от Матфея 24:48-49:

Если же раб тот, будучи зол, скажет в сердце своем: «не скоро придет господин мой» (Перевод Международного Библейского общества: *«хозяина еще долго не будет»*), и начнет бить товарищей своих и есть и пить с пьяницами...

Теперь, давайте обратимся к следующей притче о мудрых и неразумных девах. Неразумные девы — это те, которые были отвергнуты. Как это произошло? Евангелие от Матфея 25:5:

И как жених замедлил (Новая Международная Версия: *«не приходил долгое время»*), *то задремали все и уснули.*

Далее, есть притча о талантах. Конечно же, вы помните о том, что там был один слуга, который получил один талант, с которым он не сделал ничего, и был отвергнут. Вот что сказано в Евангелии от Матфея 25:19:

По долгом времени, приходит господин рабов тех и требует у них отчета.

Обратили ли вы внимание на фразу, которое встречается в каждой из этих притч? «Долгое время». Некоторые из этих людей не выдержали испытания ожиданием: «Еще долго ничего не будет происходить, все будет по-прежнему...» «Это произойдет не так, как Бог сказал...» «Пока мы можем делать и что-то другое...» Такие люди не смогли выдержать испытания ожиданием. Это было их решающее испытание. Это может быть решающим испытанием для вас и для меня.

В заключение позвольте мне обратить ваше внимание на трансформацию, которая произойдет с теми, кто ожидают возвращения Господа. Послание Филиппийцам 3:20-21:

Наше же жительство — на небесах, откуда мы ожидаем и Спасителя, Господа (нашего) Иисуса Христа, Который уничиженное тело наше преобразит так, что оно будет сообразно славному телу Его, силою, которою Он действует и покоряет Себе всё.

Обратите внимание на две вещи: мы ревностно, страстно, активно ожидаем Спасителя с Небес (в большинстве переводов это сказано более выразительно, чем в Синодальном переводе — примеч. переводчика). Здесь Павел пишет относительно тех, кто ожидает, что, когда Он придет, в их физических телах произойдет удивительное, сверхъестественное, славное преображение: «Который уничиженное тело наше преобразит так, что оно будет сообразно славному телу Его». Здесь мы снова видим тот же принцип: ожиданием Бога увенчивается сверхъестественным преображением.

КНИГИ ДЕРЕКА ПРИНСА
переведенные на русский язык

Наименование:

Библейское лидерство: Наблюдайте за собой / Что значит быть мужем Божьим?

Библия, философия и сверхъестественное

Благая Весть Царства

Благодарение, хвала и поклонение

Благодать уступчивости (Благодать повиновения)

Благословение или проклятье: тебе выбирать!

Бог — Автор брачных союзов

Бог написал сценарий твоей жизни

Божий план для твоих денег

Божье лекарство от отверженности

Вера, которой жив будешь (Вера как образ жизни)

Вехи моей жизни / Уверенность в Божьем избрании

Влияние на историю через пост и молитву

Война в небесах

Входя в Божье присутствие

Духовная война

Если вы желаете самого лучшего Божьего

Завет

Защита от обольщения / Что есть истина?

Искупление

Как быть водимым Духом Святым

Как найти план Божий для своей жизни

Как правильно поститься

Как применять кровь Иисуса

Как слышать голос Божий

Крещение в Святом Духе

Кто позаботится о сиротах, бедных и угнетенных?

Люцифер разоблаченный

Мужья и отцы

Мы будем изгонять бесов

Наш долг Израилю

Обмен на кресте

Ожидание Бога

Отцовство

Погребение посредством крещения

Последнее слово на Ближнем Востоке

Пособие для самостоятельного изучения Библии

Пророческий путеводитель Последнего Времени

Путь ввех — путь вниз

Путь посвящения

Пятигранное служение

Расточительная любовь

Сборник №1: Первое поприще / Колдовство — враг общества №1 / Чужой епископ

Сборник №2: Духовная слепота: причина и лечение / Как проверять необычные проявления / Хлебопреломление

Святой Дух в тебе

Святость

Сила провозглашения

Согласиться с Богом

Струны арфы Давида

Судить: где? когда? Почему?

Твердое основание христианской жизни

Уверенность в Божьем избрании

Церковь Божья

Шум в церкви

ОБ АВТОРЕ

Дерек Принс родился в Индии в семье британских подданных. Он изучал философию, а также древнегреческий и латинский языки в самых известных учебных заведениях Великобритании — Итон-колледже и Кэмбриджском университете. Он также изучал иврит и арамейское наречие в Кэмбридже и Иерусалимском Еврейском университете.

В начале Второй мировой войны, находясь на службе в медицинском подразделении Королевской армии Великобритании, Дерек пережил сверхъестественную встречу с Иисусом Христом, которая изменила всю его жизнь. Вот что он свидетельствовал об этом:

«В результате этой встречи я сделал два вывода на всю свою оставшуюся жизнь: во-первых, что Иисус Христос жив; во-вторых, что Библия является истинной, важной и современной книгой. Эти два вывода коренным образом и навсегда изменили всю мою жизнь».

С тех пор Дерек Принс посвятил свою жизнь практическому исследованию Библии. Его всегда будут помнить за вклад в назидание Церкви и учение об освобождении от проклятия, месте Израиля в Божьем плане, основах учения Христова, освобождении от бесов, силе провозглашения, посте и молитве, событиях в конце времен в свете Писаний.

Основной дар Дерека Принса — толкование Библии ясным и простым образом. Неденоминационный, несектантский подход к истинам Писания сделал его учение доступным для людей разных национальностей и религиозных взглядов.

Его ежедневные радиопередачи "Ключи к успешной жизни" достигают 6-ти континентов и звучат на арабском, китайском, малайском, монгольском, русском, испанском и других языках и наречиях.

Он является автором более 40-ка книг, более 450-ти аудио- и 150-ти видеокассет для обучения, многие из которых были переведены и изданы на более чем 60-ти языках.

Миллионы верующих по всей земле считают Дерека Принса своим наставником и отцом в вере.

Дерек Принс

ОЖИДАНИЕ БОГА

Подписано в печать 03.12.2010г. Формат 84х108^1/$_{32}$
Печать офсетная. Тираж 10 000 экз.
Заказ № 2888 (10173A)

Отпечатано в типографии "Принткорп",
ЛП № 02330/04941420от 03.04.02009.
Ул. Ф.Скорины 40, Минск, 220141. Беларусь.